AF236466

Jürgen Behring

Wenn das Leben anders wird

Lyrik von unterwegs

Bibliografische Information der Deutschen Nationalbibliothek:
Die Deutsche Nationalbibliothek verzeichnet diese Publikation in der
Deutschen Nationalbibliografie; detaillierte bibliografische Daten sind
im Internet über dnb.dnb.de abrufbar.

© 2022 Jürgen Behring
Cover und Buchsatz: Gestaltungdienst Marina Unglaub, Bamberg
Publikationsbegleitung: Biographia Andreas Dalberg, www.biographia.de
Herstellung und Verlag: BoD – Books on Demand, Norderstedt
ISBN: 9783755712206

Jürgen Behring

Wenn das Leben anders wird

Lyrik von unterwegs

aus über 40 Jahren
Lebensreise mit Suchen und Finden.

Inhalt ——

Wenn das Leben anders wird   9

Einstimmung   10

Es ist ein Fluss   13

Der Fluss   16

Du selbst   19

Deutschlandlied   20

Eine Geschichte   22

Begegnung am Donnerstagabend   25

Für Dich   27

Für Dich II   29

Gemeinsam   30

Wanderung   33

Mit mir ein Wir   34

Regenbogen über dem Märchenwald   37

Muh   39

Versuch einer Erklärung   41

Aueland Alaaf   43

Es ist Nacht   45

Offene Sinne   47

Monolog „Alter Faust"   48

Ich bin   51

Mu   53

Nichts zu tun   55

Nichtwissen   57

Es ist, wie es ist   59

Schuld   61

Unklar   62

In Meditation   65

Mein Vater, der Usedom-Husar   66

Für Mutter   68

Du und Ich   71

Das Leben ist grausam   73

Dem Licht entgegen   75

Alles ist gut   77

Das Leben, das macht Spaß   78

Weihnachten 2016   81

Wo sind Menschen   82

Mystik   84

Hier und Heute   87

Neujahr 2022   88

Man nannte ihn Butch oder so oder anders   91

Mensch, Christus!   92

Bin auf meinem Weg   94

War is on   97

Hafen von Karnin (Usedom), 2015

Wenn das Leben anders wird ⸺

Immer wieder
Suchen und Finden
Fragen und Antworten
Leben und Sinn
Liebe und Leid
Freude und Glück
Schicksal und Heilung
Spiritualität und Gott
MU

Angekommen
Nach einem Leben
Mit Wandel und Veränderungen
Im Innen wie im Außen
In einem Leben
Mit Idylle
Und großem kleinen Glück
Wahrgenommen
In Worten
Lyrik
Von unterwegs

Wusterwitz, 2022

Einstimmung ——

2015
Ein bewegendes Jahr
in dem zusammenfließen sollte
was an unterschiedlichen Strömungen in mir floss.
Auf einer Fahrradtour entlang der Neiße und der Oder
sammelte ich wunderschöne Impressionen
und arbeitete mich durch innere Prozesse hindurch
für die ich immer wieder Ausdrucksformen suchte.
Innere Themen und Konflikte
im Innen und Außen
führten zu Veränderungen
im Innen und Außen -
nicht ohne Reibung,
nicht ohne Brüche und Verluste.
Meine Fahrradtour startete in Liborec,
im Hotel „Fenix" (dt. Phönix).
Sinnbildlich der Start in ein neues Leben.
Ein Leben im Fluss.
Dafür standen schon die ersten Gedichte,
die ich 1976 im Frühjahr
kurz vor meinem 18.Geburtstag schrieb.
Auch 2015 musste ich so manches Mal
an Siddharta von Hermann Hesse denken.
Und den Fährmann, dessen Glück
ich in diesem Sommer sehr nachempfinden konnte.

Die Neiße zwischen Zittau und Görlitz, 2015

Es ist ein Fluss ——

Es ist ein Fluss.
Der Fluss bin ich.
Es ist ein Wald.
Der Wald ist in mir.
Der Wald steht vor dem Fluss.
Er ist dicht.
Er ist undurchdringbar.
Er hindert mich daran, zum Fluss zu gelangen.
Ich habe seine Bäume nicht gepflanzt.
Sie haben die Bäume gepflanzt.
Vor dem Wald ist eine Wiese.
Eine Wiese mit blühenden Blumen,
mit weidenden Kühen,
mit spielenden Kindern,
mit runden Maulwurfshügeln.
Die Maulwurfshügel werden zertreten.
Die Kinder werden erwachsen.
Die Kühe werden gemolken.
Die Blumen werden gepflückt.
Die Wiese bin ich.
Aber ich bin nicht die Wiese.
Denn ich bin der Fluss.

Manchmal meine ich, die Wiese wäre schön,
doch sie ist nicht schön.
Ich bin die Wiese, aber ich bin nicht die Wiese.
Ich bin der Fluss, ich weiß, ich bin der Fluss.

Aber es ist schwer, zum Fluss zu gelangen –
wegen des Waldes.
Wegen des Waldes,
dessen Bäume den Weg versperren.
Wegen des Waldes,
dessen Bäume ich nicht gepflanzt habe.
Aber ich will zum Fluss.
Ich will,
ich will,
ich will zum Fluss.
Ich muss zum Fluss.
Denn ich bin der Fluss –
und nicht die Wiese.
Ich muss durch den Wald.
Ich muss durch die Bäume.
Ich werde durch den Wald gelangen.
Ich werde den Fluss erreichen.
Auch wenn mich der letzte Baum erschlägt,
wird mich meine Überschwemmung
in den Fluss tragen.

Lübbecke, 1976

Die Oder bei Lebus (Frankfurt/Oder), 2015

Der Fluss ——

Es plätschert
ich zwänge mich durch enge Wege
hab Kraft
ich weiß ich lebe
Kiesel auf meinem Grund
ich forme sie
ich glätte sie
ich mache sie

Ich treffe mich
ich werde breiter
kräftiger
mächtiger
behutsamer
ich trage Äste
ich nehme Sand
ich führe Salz

Ich treffe mich
ich werde breiter
kräftiger
mächtiger
behutsamer
ich trage Äste
ich trage Stämme
ich nehme Sand
ich führe Salz
ich lebe Fische

Ich treffe mich
ich werde breiter
kräftiger
mächtiger
behutsamer
langsamer

Ich trage Äste Baumstämme
ich nehme Sand ich führe Salz
ich werde mehr ich

Ich teile mich

Ich lebe   Ich sterbe
ich lebe Fische   ich sterbe Fische
ich werde ich   ich werde sie
ich treffe Es   ich treffe Es
                    ich bin es
                    Ich bin

Lübbecke, 1976

Die Oder bei Groß-Neuendorf, 2015

*Kissen mit Geschichte, auf kostbarem Geschenk eines
guten Freundes. Bad Essen, 2015*

Du selbst ——

Du selbst bist,
nur in dir selbst kannst du dich finden.
Kein anderer ist,
auf dem du kannst dein Ich begründen.

Magst du die andere Welt
auch noch so sehr dein Eigen nennen,
so ziel doch nicht auf sie
die Kraft in deinen Sinnen.

Schau du in deine Welt,
die Welt in deinem Innern.
So wirst auch du
dich deines Selbst erinnern.

Lübbecke, 1976

Deutschlandlied ——

DEUTSCHLAND, DEUTSCHLAND über alles,
über alles in der welt,
wenn es stets für MACHT und REICHTUM
brüderlich zusammenhält.
Von herrn meier bis herrn schulze,
von herrn müller bis herrn schmidt,
jeder schuftet für sein DEUTSCHLAND,
jeder hofft, er kriegt was mit.

ORDNUNG, ORDNUNG über alles,
für die freiheit sagt man uns;
doch die angst, sie wird nur größer,
überwacht wird hinz und kunz.
ORDNUNG, RECHT und nochmals ORDNUNG
sind der grund für DIKTATUR.
Blüh im glanze dieser hoffnung,
schweige nur und bleibe stur!

ORDNUNG, ORDNUNG über alles,
für das DEUTSCHE VATERLAND.
Groß das RECHT und klein die freiheit,
so verkümmert der verstand.
ORDNUNG, RECHT und nochmals ORDNUNG
sind des glückes unterpfand –
blüh im glanze dieses glückes,
blühe DEUTSCHER UNVERSTAND!

Lübbecke, 1977

Als 19-Jähriger rebellierte ich so kurz vor meinem Schul-
abbruch auf eine für mich unerträgliche Rede des Schuldi-
rektors. Ich brachte den Text in der Schülerzeitung unseres
Gymnasiums zur Veröffentlichung und auf Wunsch dann in
der Schülerzeitung der Jungdemokraten. Daraufhin trat die
Staatsmacht in Form des MAD (Militärischer Abwehrdienst) in
Aktion. Der MAD forderte den damaligen Kreisvorsitzenden der
Jungdemokaten (Z-12-Soldat, d.h. für zwölf Jahre verpflichtet)
auf, seine politische Tätigkeit für diese Jugendorganisation
aufzugeben, da er für die Veröffentlichung dieses Deutschland-
liedes verantwortlich zeichnete. Daraufhin engagierte ich mich
in der Folge mehrere Jahre bei den Jungdemokraten (damals
FDP) – insbesondere für Rechtstaat und Grundrechte, die die
Jungdemokraten damals sehr betonten.

Eine Form, zu rebellieren. Ein Teil von mir: der Rebell.

Eine Geschichte ——

Dies ist die Geschichte
von dem kleinen Wichte,
der auf große Wanderschaft
in das ferne Land sich macht.
Flüsse, Täler, Berge, Wiesen,
Drachen, Elfen, Zwerge, Riesen
sieht er auf dem langen Wege –
bis er jenen engen Stege
in das ihm verheißene Land
mit allerletzter Kraft dann überwand.
Und der große Himmelskönig
freut sich über ihn nicht wenig.
Er ist jetzt der große Held,
der berichtet aus der Welt.
Dort geächtet, hier geehrt –
ja, die Mühen waren es wert.

Lübbecke, 1977

Wer in den Fußstapfen
eines anderen wandelt,
hinterlässt keine eigenen
Spuren.

Wilhelm Busch

Ein Spruchstein aus der Fußgängerzone in Lübbecke, ca. 2016

Die höchste Form des Glücks
ist ein Leben mit einem
gewissen Grad an
Verrücktheit.
Erasmus von Rotterdam

Lübbecke, ca. 2016

Begegnung am
Donnerstagabend ──

Du bist ein Mann mit sehr viel Geld,
sah dich in deinem Laden oft.
Ein Mann aus einer anderen Welt –
jetzt stehst du hier ganz unverhofft.
Meine Hilfe brauchst du heute,
Ich bin erst ziemlich überrascht.
Du bist einer der reichen Leute –
ich einer der mal gehascht.
Ich sage mir, du bist jetzt hier,
es hat uns nun mal zusammengebracht.
Ich will dir helfen und rede mit dir,
auch wenn es mich seelisch fertig macht.
Wir gehen umher, wir kehren oft um.
Ich will dir helfen und bete mit dir.
Ich hab keine Hoffnung und schein mir recht dumm,
bin ganz schön verzweifelt, glaub, ich verlier.
Allein kann ich keine Hilfe mehr geben.
Ich bin am Rätseln, was los mit dir sei.
Ein Mann ruft an, wir sind ganz daneben,
dann endlich kommt der Arzt vorbei.
Er nimmt dich mit in seinem Wagen.
Ich schaue dir nach mit ernstem Blick.
Was geschieht nun mit dir? Bin ich am Fragen.
Wann kehrst du aus der Anstalt zurück?

Lübbecke, 1978

Lieblingsbach: Der Ahlbach
in Flammersfeld (Westerwald), ca. 2007

Für Dich ——

Der Bach
flüstert dir
mit seinem Plätschern
ein Gedicht.

Die Bäume
singen dir
mit dem Rascheln ihrer Blätter
ein Lied.

Die Wolken
malen dir
in ihren Formen
ein Bild.

Die Sonne
gibt dir
mit ihren Strahlen
Wärme und Licht.

Es wäre schön für mich
der Bach
die Bäume
die Wolken
die Sonne
gleichermaßen zu sein.

Lübbecke, 1982

Rosarium Sangerhausen, 2017

Für Dich II ——

Ich habe mit dir geschwiegen
sehr viel einen Abend lang
wenig Worte gewechselt
wir sahen uns nur häufig an.

Ich hatte ein Buch mitgebracht
mit Texten, die ich reingeschrieben.
Gedichte und Lieder, zum Teil auch von mir
Heut frag ich, wo ist es geblieben.

Wo bist du und mit dir dies kleine Buch
als indisches Diary für dich besorgt.
Heut wünsche ich mir einen neuen Besuch
und das Buch hätt ich gern mal geborgt.

Lübbecke, 1985

Gemeinsam ——

Es ist toll
Teddybär zu sein
aber nur?
Nein!

Ich möchte dir
vertraut werden.
Offen und ganz
sein können.

Ich möchte mit dir
Leben teilen.
Nicht das Leben,
aber das vom Leben,
das uns eint.

Es kann viel,
es kann ein bisschen sein,
es kann oft,
es kann manchmal sein,
es kann zu zwein,
es kann zu vielen sein,
es kann ein Hoch
oder ein Tief auch sein.

Nur eines,
das soll sein:
Gemeinsam
möchte ich mit dir
weinen, lachen und
mich freuen.

Ich möcht,
dass wir es nehmen können, wie es ist,
dass wir uns geben können,
wie ich bin und
wie du bist.

Lübbecke, 1986

Wegbegleiter, Usedom, 2015

Am Südhang des Kyffhäuser,
Bad Frankenhausen, ca. 2019

Wanderung ——

Viele Bäume sind ein Wald,
jeder einzeln für sich schön,
ruhest du an einem Ort
kannst du niemals alles sehn.

Du gehst weiter
und spürst dann
neue Farben, Düfte, Klänge
ziehen dich auf einmal an.

So erfährst du jeden Tag
neue Herrlichkeiten;
doch nicht jede passt
zu deinen Jahreszeiten.

Lübbecke, 1986

Mit mir ein Wir ——

Nicht allein
zu Hause sein
obwohl auch nicht zu zwein.

Nur mit mir
und doch ein Wir
denn du bist hier.

Nicht als Person
doch ohne Schranken
in meinen Gedanken
was macht das schon.

Ich wart auf die Zeit
wenn du bist bereit
und wir dann zu zweien
uns können erfreuen
am alleine sein.

Du bei mir
ich bei dir
wir ein Wir.

Lübbecke, 1986

Ein Adonisröschen am Kyffhäuser.
Adonis – Sinnbild unerfüllter Liebe..., 2017

Regenbogen über meinem Garten, 2020

Regenbogen über dem Märchenwald ——

Zwischen Bruchlandung und Höhenflug
und immer weiter den Träumen und Idealen entgegen,
wie die Möwe Jonathan.

Zwischen Kopf und Bauch, Ordnung und Chaos
auf der Reise durch das Ich,
die Farbenpracht des Selbst (wieder-)entdeckend, erleidend und genießend,
wie der Steppenwolf.

Und dabei versuchend,
die Unbekümmertheit, Herzlichkeit und natürliche (kindliche?) Phantasie
des kleinen Prinzen zu bewahren.

Mit der Überzeugung, keine Erfahrung ist schlecht,
Gut und Böse als zwei Seiten eines Ganzen zu sehen,
wie sich die Welt- und Lebensereignisse auch fügen, wie Demian.

Und einfach unvollkommen drauflos
in die reale und die Märchenwelt,
wie Frodo Beutlin.

Und mit jedem etwas versuchend
die Stufen der realen Lebensleiter
zu den Idealen, die oft noch in Wolken scheinen,
hinaufzusteigen.

Lübbecke, 1986

Lübbecke, 2021

Muh ——

Auf einer grünen Wiese
steht eine bunte Kuh.
Das ist die Anneliese,
sie schaut mich an mit „Muh".

Was soll das nur bedeuten?
Ich denk lang drüber nach.
Dann hör ich Glocken läuten,
es fällt mir ein „Ach, ja".

Die Kuh, die Anneliese,
die ist ja gar nicht dumm!
Sie läutet auf der Wiese,
sagt „Mu" und bleibt sonst stumm.

Lübbecke, ca. 1989

„Lübbecker Ulknudel" (Westfalenblatt/Erwin Eisfeld), Lübbecke, 1994

Versuch einer Erklärung ——

Ich dachte, ich wäre ein Clown.
Dabei handelte ich wie ein Narr
und merkte gar nicht,
dass ich in Wirklichkeit nur eine komische Figur war.

Ich glaubte zu fühlen,
hoffte zu wissen und
versuchte zu handeln wie eine komische Figur.

Eine komische Figur, die daran glaubte,
dass sie einmal ein Clown werden kann.

Ich machte einen Narren aus mir und
man hielt mich für verrückt; verrückt,
weil ich als Narr nicht nur zum Lachen war.

Ich war ja auch eine komische Figur.
Eine komische Figur, die
selbst nicht wusste und
der man nicht ansah,
dass sie vielleicht doch – schon ein Clown war?

Lübbecke, 1989

Aueland Alaaf ——

Es ist so herrlich, bescheuert zu sein
ich packe es in den Narren hinein
und will mich kräftig daran freun.

Aueland Alaaf – Aueland Alaaf – Aueland Alaaf

Erscheint es auch dumm, auf die Pauke zu haun,
erscheint ein Narr auch als blöder Clown,
ich will erst mal in den Spiegel schaun.

Aueland Alaaf – Aueland Alaaf – Aueland Alaaf

Dort sehe ich nun in wahrem Licht,
dass ich ein Mensch bin im Gesicht,
ein kleiner Furz, ein kleiner Wicht.

Aueland Alaaf – Aueland Alaaf – Aueland Alaaf

Espelkamp, 1987

Blick auf die Brücke von Karnin, (Usedom) 2015

Es ist Nacht ——

Es ist Nacht
ganz sacht
leuchten aus der Wolkenhülle
Sterne in das Tal
zarter Klang der Nachtigall
unterbricht die Zauberstille.

Nachtgesang
mein Gang
führt mich hin zu Lindenbäumen
ganz allein mit mir
Wirklichkeit spüre ich hier
fern von Alltagsträumen.

Detmold, 1995

Offene Sinne ——

Offene Augen sehen,
geschlossen sind sie blind,
ich lass die Dinge stehen
und schaue, wie sie sind.

Offene Ohren hören,
geschlossen sind sie taub,
ich bücke mich zum Boden
und lausche auf den Staub.

Ich mache meine Sinne auf
und lass den Dingen ihren Lauf.
Ich habe Mut –
alles ... alles wird gut.

Offene Nasen riechen,
verschlossene leider nicht,
ich übe mich im Kriechen
und hoffe auf das Licht.

Offene Münder schmecken
und atmen jede Luft,
ob riechen oder lecken
herein kommt jeder Duft.

Ich mache meine Sinne auf
und lass den Dingen ihren Lauf.
Ich habe Mut –
alles ... alles wird gut.

Offene Poren spüren
das Werden und das Gehen.
Ein Hauch wird sie schon führen
die Liebe zu verstehn

Offene Hände nehmen,
Fäuste bleiben leer.
Offene Herzen geben –
sie schöpfen aus dem Meer.

Ich mache meine Sinne auf
und lass den Dingen ihren Lauf.
Ich habe Mut –
alles ... alles wird gut.

Lübbecke, 1989

Monolog „Alter Faust" ——

Habe nun, ach! Philosophie,
Juristerei und Medicin,
und leider! Auch Theologie,
durchaus studiert, mit heißem Bemühn.
Da steh ich nun ich armer Tor!
Und bin so klug als wie zuvor;
da weiß ich nun mehr
als man wissen kann
und fühl mich doch leer!
Wer bin ich als Mann?
Ich könnte den Denkern,
Aristokraten, Richtern und Lenkern,
all diesen klugen Ärzten und Pfaffen,
die ach so klug tun, all diesen Affen,
all denen, die meinten, sie könnten erzählen,
was Menschen tun müssten, um sich nicht zu quälen,
den Großen, den Edlen, die tun, als ob
sie wüssten und könnten, ach diesem Mob,
all denen bin ich nach Suchen und Ringen
um Jahre voraus, denn hinter den Dingen,
die groß, die wichtig, bedeutsam für sie –
liegt erst die Antwort, die Philosophie!

Und weiß ich auch mehr –
als man wissen kann,
fühl ich mich leer
und nicht als Mann!
Ich hatte Macht, ich führte Regie,
ich beugte zutiefst auf den Boden die Knie.

Ich forschte und suchte
in Rausch und Entbehren,
ich lobte und fluchte,
ließ im Wahn mich verzehren,
stellte mich der Pflicht,
auch dem Abenteuer,
der Vielfalt des Lebens,
ich ging durch das Feuer!
Der schwersten Prüfung entzog ich mich nicht;
und dennoch bin ich nur ein kleiner Wicht!
Wo nur, wo finde ich endlich mein Licht?
Wohin nur, wohin wende ich nun mein Gesicht?

Gibt es den Zauber?
Die Kunst der Magie?
Ich öffne mich ihr mit der Energie –
die nur ein Faust bieten kann!
Bin offen für alles –
nur wann
und wie, wie fang ich es an?

Kelbra, 2002

Für das Theaterstück „Faust",
Fachklinik am Kyffhäuser

Mäander des Ahlbachs, Flammersfeld, 2020. Ort einer durchwachten Nacht im Jahr 2007, nach der das Gedicht geschrieben wurde.

Ich bin ——

Es ist Nacht
So hell
Leuchten unzählbare Sterne
In das kleine Tal hinein
Wo der Ahlbach sich mäandert
Plätschern Töne
Reich und fein.

Augen schauen
Ohren lauschen
Alle Sinne auf Empfang
Wo Natur sich
Reich entfaltet
Zauberlichter
Nachtgesang.

Ritual
Der Tod
Mystikers Mysterium
In geschütztem Zweigenkreis
Außenwelt
Und Innenleben
Expressionen
Laut … und leis.

SINN!?
ICH BIN

Kescheid (Westerwald), 2007

Mu ——

zu werden
zu sein
gewesen sein
zu leben
zu sterben
im Nu
Mu.

Benediktushof, Holzkirchen, 2009

Schwarze Schwäne in Detmold, 2015
Schwarzer Schwan – Sinnbild für ein außergewöhnliches,
höchst unwahrscheinliches Ereignis.

Zen-Garten, Benediktushof, Holzkirchen, 2016

Nichts zu tun ——

Atem fließt
Geräusche rauschen
Stille säumt
Das leise Lauschen
Glieder ruhen
Hör den Keim
Nichts zu tun
Gebiert den Reim
Innen Ruhe
Außen Ton
Einfach sein
Meditation.

Leverkusen, 2012

Erkennbare Vielfalt verborgen in einer Mitte des Nichtwissens, Bad Kissingen, 2019

Nichtwissen ——

Wissen von Nichtwissen
Nichts vermissen
Statt
Nichtwissen von Nichtwissen
Und Agieren mit Wissen
Ohne zu wissen
Von Wissen im Nichtwissen
Das wesentlich prägt
Der Wirklichkeit Sein.

Wissen von Nichtwissen
Nichts vermissen
Doch
Handeln mit Wissen
Von Nichtwissen
Die Grenzen bekannt

Lässt alles fließen
weiß alles vernetzt
und Handeln im Jetzt.

Lässt Wirklichkeit sein
und Frieden sprießen.

Osnabrück, 2012

Weitgehend geschrieben im Auto nach einem frustrierend erlebten Vortrag von Eugen Drewermann in Münster anlässlich des 30-jährigen Bestehens der LWL Koordinationsstelle SUCHT.

2015 stieß ich auf das Buch „Die Wolke des Nichtwisssens" eines englischen Mönchs aus dem Mittelalter. Seither begleitet es mich.

Hiddensee, 2020

Es ist, wie es ist ——

Manchmal ist es gut,
   einfach zu spüren
   und sich zu erinnern,
was lange schon ruht
in unserem Innern.
Es ließen des Lebens
Winde und Triebe
   suchen vergebens –
es ist, was es ist
die Liebe.
Es ist was es ist?

Es ist, wie es ist –
Liebe

Bad Essen, 2012

Mitbringsel: Therapieeinstieg „Schuldbeladene"
Jugendsünde, Foto Kelbra, 2020

Schuld ——

Schuld spüren
Schuld prüfen
Schuld anerkennen
und trennen
in Mein
und Dein
oder auch
Sein.

Ashram Jesu,
Oberzeuzheim/Westerwald, 2012

Unklar ——

Unklar
treibt noch Energie
unklar
was woher und wie
unklar
wird auch Handeln
Folgen
mögen wandeln
Unvollkommenheit;
doch lange
scheint die Zeit
unfertig Ewigkeit.

Ashram Jesu,
Oberzeuzheim/Westerwald, 2012

Eine Bank mit Ausblick, Harz, 2017

Meditationsplatz, Oberzeuzheim/Westerwald, nahe des Ashram Jesu

In Meditation ——

Achtsam
gelassen
liebevoll
in Meditation
immer wieder übend
demütig
bescheiden
dürfen
ich darf
nicht muss
nicht soll

Ashram Jesu,
Oberzeuzheim/Westerwald, 2012

Mein Vater, der Usedom-Husar ⎯⎯

Usedom-Husaren –
wie weit bin ich gefahren!
Von Euch zu hören, lesen, wissen,
den Vater ich tu stets vermissen.
Nun bin ich hier mit meinen Fragen
und kann auch was zu Vater sagen.
Von wo er kam und wer er war,
bei Adolf Usedom-Husar.
Das Schicksal meines Vaters, hart,
harrt dennoch auf Erkundigung
und will keine Entschuldigung.
Er war kein Opfer, sondern Held,
er überlebte und das zählt.
Er erntete Entwürdigung und alltägliche Erniedrigung:
„Ach Hermann, Ärmster, arme Sau!"
Zum Glück kam Rosi, seine Frau.
Spitzbübisch, frech und mit Humor
nahm sie sich ihren Hermann vor.
Der wollte sterben, wollte fliehen.
„Es warten Erben! Kannst später ziehen!
Ich will hier noch Geschäfte machen,
du kannst mir helfen", sprach sie lachend.
„Du kennst die Bauern, ich habe Ware",
ganz jüdisch lauernd, ich erfahre.
Jahrzehnte später frage ich
als Erbe, denn es prägte mich.
Ich will nun wissen wie es war:
als Usedom-Husar!
Als solcher denn mein Vater zog
in Weltkrieg Zwei gar nicht famos.
Als Panzerfahrer abgeschossen,
er kämpfte wild und unverdrossen
ums Überleben, gar nicht bang -
durch die Flammen - es gelang!

Die Kameraden? Alle tot.
Mein Vater sah von nun an rot.
Das Blut quoll ihm aus allen Wunden,
Gesicht zerrissen, Haut geschunden.
So lag er auf dem Schlachtfeld rum
bis irgendeiner guckte dumm.
„He, hier ist einer, der noch lebt!
Packt einer an? Ich bin bestrebt,
den Kerl zu retten, packt mit an!
Ich brauche hier jetzt jeden Mann."
Und Kameraden, Helfer viele
verfolgten Überlebensziele.
Mein Vater, ist er auch verbrannt –
er lebte schließlich stadtbekannt.
Verbrennungen sah jedermann
Und mancher zuckte ab und dann.
So schrecklich sah mein Vater aus –
So kam er aus dem Krieg nach Haus.
Das Jammern war nicht auszuhalten.
Nicht Vaters! Der Nachbarn, all der Alten,
die zuvor nie Leid gesehen –
die jammerten, nicht zu verstehen.
Mein Vater nahm sein Schicksal an,
das zeichnete ihn aus als Mann.
So komme ich mit Fahrrad nun
und möchte hiermit eines tun:
bezeugen, wie es wirklich war:

Als Usedom-Husar!

Groß Neuendorf, 2015

Für meinen Vater, Hermann August Behring,
* 21.04.1922 Rahden/Westfalen, † 23.06.1988 Lübbecke/Westfalen

Für Mutter ——

Es gibt Sterne im Himmel
und auf der Erde.
Mutter lehrte mich
„Stirb und Werde".
Was auch geschieht,
alles hat Sinn,
wahrer Reichtum
ist mehr als Gewinn.
Ein Schatz ist jenseits
von Haben, Besitzen.
Es gibt weit wichtigeres
zu beschützen.
Sie lehrte mich suchen,
Irrsinn überwinden.
Schmerz ertragen,
Schicksal ergründen.
Humor wertschätzen,
nicht nur schwätzen.
Den Vater achten,
wenn auch durch Verstehen,
den Rest ließ sie frei mich
selbst weiter gehen.
Sie lebte vor Liebe
bei aller Missachtung,
die sie erfuhr
in Fremdverhaftung
für Ohnmacht und Missbrauch,
der vor ihr geschah.
Sie blieb und stand
auf der Erde uns nah.

Die Seele im Glauben,
den Geist voll Verstand,
ausgestattet mit Bildung
sie so vieles fand.
Sie gab mir Heimat,
sie gab mir Glück
bei aller Schwermut
des Schicksals, das drückt.

Es war die Karte,
die ich bei ihr fand,
auf der von mir
einst geschrieben stand:
Es gibt Sterne im Himmel
und auf der Erde.
Danke für Dich!

Heute ergänze ich
voll mit Leben und Sinn
für dein „Stirb und Werde"
für dein „Ich bin".

Brandenburg an der Havel, 2022

*Meine Mutter
Rosemarie Behring, geb. Graber,
* 16.09.1919 – † 23.10.2007*

*Hochzeitsfoto meiner Eltern,
Rahden-Kleinendorf, 6.1.1949*

Eine Mosaikarbeit,
Bad Essen, 2015

Du und Ich ——

Du und Ich.
Du oder Ich?
Ich und Du.
Ich oder Du?
Wir.
Wir?
Sein Nicht Sein.
Nicht Sein Nicht?
Sein ganz Sein.
Ganz sein. Ganz?
Oder was. Oder?
Oder?
Was?
Wie?
Wir.
Wir?
Oder
Du und Ich?
Du.
Ich.
?

Bad Essen, 2015

Mit dem Fahrrad unterwegs...
Unterwegs im Lipperland, 2016 an der Werraquelle

Das Leben ist grausam —

Das Leben ist grausam und schrecklich gemein
und suche ich nur Scheiße, wird braun mein Antlitz sein.
Ich sehe, wohin ich blicke, gut ist den Kopf zu drehen.
Und steckt er im Schlamassel drin, muss ich ihn raus nur ziehen.
Manchmal heißt es Brille putzen, dann ist nur sie verdreckt
und hinter meinem trüben Glas hat Gutes sich versteckt.
Ein anderes Mal der Kopf muss drehen,
in andere Richtung schauen.
Wo gibt es einen anderen Weg, auf dem was Gutes ist zu bauen?
Kann, will ich es auch sehen?
Das Schlimme ist fürwahr sehr viel,
doch werde ich's nie aushalten,
wenn ich nur dahin gucken will,
krieg ich zuletzt nur Falten!
So übe ich auch heute mal, zu tun, was mich macht froh.
Dass Jammertal war schon genug und: Ich bin doch nicht im Zoo.

Detmold, 2016

An der Oderfurt bei Lebus , Frankfurt/Oder, 2015

Dem Licht entgegen ——

Man kann und wird aus Tiefen lernen,
um dann zu Höherem zu streben.
Dem Licht entgegen in der Ferne,
zur Sonne, die einst schenkte Leben.
Mit einem Strahl sie drang ins Dunkel
und lockte Formen aus dem Nicht.
So drang unförmig erst Furunkel,
doch schließlich wunderbar Gesicht,
wurde Gestalt mit Eigensinn,
aus Ursprung wurde ein „Ich bin".
So suchst Du nach dem Sinn des Lebens,
schaust Du beim Licht nicht vergebens.
Doch siehst Du es dann hell und klar,
dann leuchte mit, werde gewahr,
wie Dein Licht kann mit Herzensliebe
aus Dunkel locken neue Triebe.
Siehst Du im Schatten schon das Licht
lockst Du das Leben aus dem Nicht.

Detmold, 2016

Dämmerung, Bad Essen-Linne, 2015

Alles ist gut ——

Alles ist gut,
sehe ich hin,
mit klaren Augen
voller Sinn.
Spüre ich Mut –
kann ich es kaum glauben:
Ich bin.

Bad Essen, 2015

Das Leben, das macht Spaß ——

Weißt du was, weißt du was,
weißt du was, das Leben, das macht Spaß

Bin ich auch manchmal traurig,
sind die Wangen pitschenass,
von so vielen Tränen,
trotzdem macht das Leben Spaß.

Weißt du was, weißt du was,
weißt du was, das Leben, das macht Spaß

Und bin ich manchmal brummig,
platzt mir der Bauch vor Wut,
dann brüll ichs einmal aus mir raus,
dann gehts mir wieder gut.

Weißt du was, weißt du was,
weißt du was, das Leben, das macht Spaß

Ist mir auch manchmal angst und bang,
glaub schlimmes würd passiern,
auch dieser Schrecken geht vorbei,
der wird sich schon verliern.

Weißt du was, weißt du was,
weißt du was, das Leben, das macht Spaß

Ja manchmal muss ich juchzen,
spring vor Freude in die Höh,
dann krieg ich nen Muskelkater,
doch der tut mir gar nicht weh.

Jürgen Behring, Café Waldkristall, Hüllhorst, 2015

Weißt du was, weißt du was,
weißt du was, das Leben, das macht Spaß
Und manchmal, ganz, ganz manchmal,
oh wie bin ich da vergnügt,
da springt vor Glück mein Herze,
dann spiele ich verrückt.

Weißt du was, weißt du was,
weißt du was, das Leben, das macht Spaß

Weißt du was, weißt du was,
weißt du was, das Leben, das macht Spaß

Whitefield, Stadtteil von Bangalore, Indien, 1994

Wusterwitzer See, Weihnachten 2018

Weihnachten 2016 ——

Sein
Fein
Allein
Kein
Dein
Mein
Sein
Ein
Rein
Und
Klein
In
Wahrheit
Sein.
Licht
Nicht?

Kelbra/Kyffhäuser, 2016

Wo sind Menschen ——

Wo sind Menschen,
  die bei aller Schwere ...
Wo sind Menschen,
  die bei aller Leere ...
Wo sind Menschen,
  die bei aller Fülle ...
    bleiben können
in der Stille?

Kelbra/Kyffhäuser, 2019

Brücke von Karnin (Usedom), 2015

MYSTIK ——

Mag auch groß sein die Entfernung,
Mystik macht sie zur Umarmung.
Mystik ist, sich JETZT zu spüren –
wo die Wege auch hinführen.
Mystik ist Verbundensein,
Mystik kennt kein Dein und Mein.

Mystik ist ein Herzensfluss
überwindet jedes Muss.
Sie macht leicht, was drückt uns schwer,
kommt von GOTT und ist wie Meer.
Unendlich in Raum und Zeit
öffnet sie und macht uns weit.

Schließlich hat sie Hand und Fuß,
zeigt sich JETZT in Werk und Kuss.
Ihre Wirkung ist ein Staunen,
schafft Verwirrung und ein Raunen,
überwindet Gegensätze,
macht aus NICHTS die reinsten Schätze.

Nährt, wo Mangel, Leere ist,
macht aus Scheitern guten Mist.
Herrlich Brot gibt es aus Krumen,
wo wir hinschaun bunte Blumen
blühen, leuchten im NICHTWISSEN –
MYSTIK lässt uns NICHTS vermissen.

MU (!).

Kescheid (Westerwald), 2020

Mystische Momente in Lebus (Oder), 2015

Hier und Heute ——

Ich wurde, der ich bin.
Ein Weg mit Leben und Sinn.
Ich suchte, hab gefunden,
wenn auch nach vielen Runden.
So bin ich froh, jetzt ist es fein
Hier und Heute Sein.

Wusterwitz, 2021

Neujahr 2022 ——

Frohes neues Jahr!
Von der Fahrradtour na klar.
Frische Luft, lebendig Leben
soll es auch dieses Jahr geben.
Kultur, Ausflug, lecker Essen,
Schwimmen, Wellness nicht vergessen.
Und dann mal ne Thai Massage
für die Knochen keine Frage.
Gutes füllt das Leben aus
trotz Corona all dem Graus.
Meckern sollen die Proleten,
ich feier nüchtern meine Feten.
Gebe Freude großen Platz,
ganz zu schweigen von dem Schatz,
meiner Frau, der wundervollen,
liebenswerten, ach so tollen
Schönheit, Köchin, Gärtnerin,
Ärztin, Politikerin.
Welcher Reichtum, welches Glück,
Blicke ich auf das zurück,
Was ich dafür lassen musste!
Ganz schön hart, so manche Kruste,
die ich einst zu kauen hatte,
Heute trink ich meinen Latte,
Espresso und auch Kaffee
auch bei Zipperlein, Wehweh
immer wieder mit Genuss.
Und denk bei so manchem Kuss
an den langen Weg zurück
und mein unbeschreiblich Glück.
Liebe Leute,
ich sag heute
auf ein Neues, ist ja klar:
frohes und erfülltes Jahr!

Warchau, 2022

Schloss Warchau, 2022

Im Zendo des Benediktushofs, 2022

Man nannte ihn Butch
oder so oder anders ———

Gott
Nicht mehr so flott
Sein
Mit all dem Trott
Jetzt
Gewahr was war
Gott
Die gute Frage
Ja
Was ich auch sage
Nein
Zu Widerstreben
Gott
Ist Wirken Leben
Sein
Zu Nehmen Geben
Mu
Eben.

Benediktushof, Holzkirchen, 2022

Inspiriert durch den Workshop von Dr. Kristina Kieslinger: „Du kannst ihn ‚Butch' nennen! – Kreativität und Sprache auf dem spirituellen Weg." Symposium „Christliche Spiritualität im 21. Jahrhundert – Vom Unsagbaren sprechen – zum Verhältnis von Spiritualität und Sprache".

Mensch, Christus! ——

Nicht von Christus
Nicht für Christus
In Christus leben.
Nicht weil
Nicht um
Sondern einfach
Da sein
Im Sein.
Einfach
Mit allem
Und ohne.
In Fülle
Und Leere
Fühlen
Wahrnehmen.
Leuchten
Und Geben
Im Moment
In der Zeit, die gegeben,
in der Kraft, die vorhanden
In der Grenze „Mensch".
Bis die Frage kommt, die Antwort braucht.
Und sei es Deine Frage, Deine Antwort.
Deine Grenze „Mensch".

Benediktushof, Holzkirchen, 2022

Eine (Garten-) Grenze..., Wusterwitz, 2021

Bin auf meinem Weg ——

War auf einem Weg schon so lang
Verwundet und träg schon so lang
War hellwach und voll und war, was ich bin
auf einem Weg voller Leben und Sinn

                                schon so lang.

Dann sah ich ein Licht sehr weit fort
fürchtete mich nicht vor jenem Ort.
Ich sah einen Weg, ich sah ein Zuhaus
vorbei war die Angst, jetzt ging's geradeaus

                                sehr weit fort.

Kam auf einen Weg oh so lang
ein wackliger Steg oh so lang
und dann kam ein Schreck, ich blieb einfach stehn
ich traute mich nicht mehr weiterzugehn

                                oh so lang.

Bin auf meinem Weg noch nicht lang
Verwundbar doch reg noch nicht lang,
ich bin wach und voll und spüre das Meer,
bin auf meinem Weg einer Wiederkehr

                                noch nicht lang.

Viele Gräuel geschehn wohl noch lang,
Wut und Hass sind zu sehn wohl noch lang,
fühle Trauer und Furcht, bin verzweifelt und lahm,
seh die Gesichter der Alten gram

                                wohl noch lang.

Fühl die Welt oft im Traum fast schon lang,
als Paradiesbaum fast schon lang,
euch ihr Krüppel der Welt, eure Wahrheit Geburt
von Millionen die glauben an euer Lourdes

                                fast schon lang.

Glück...
Wusterwitz, 2019

Fühle Frieden und Geben noch sehr lang,
fühle Aufbau und Leben noch sehr lang,
fühle Lachen und Mut, fühle Heilung und Glut,
es wächst und gedeiht, was schwach war und gut
                                        noch sehr lang.

Inspiriert von „Schon so lang" (Hannes Wader), Lübbecke, 1989

War is on ——

The war is on the fight began
Death has come to the men
the peace is past the weapons talk
Insanity is now on walk

War is on War is on War is on

The war is on we past a chance
To hold it on the weapons dance
Priority belonged the way
To live as usual to stay

War is on is it too late
To try another way to fate?
The death remands world has to change
Instead of keep on and arrange

War is on War is on War is on

The war is on it seems as art
On TV but it touches my heart
The questions come why must it be
Where is God where is He

War is on it`s too in me
I can`t escape reality
The questions that I have to ask
What is my part what is my task?

War is on War is on War is on

The war is on it is mine too
It asks me what I failed to do
The guilt the sin is obviously
Can I open me to see?

War is on it is a fact
Not only for those men who act
It`s a challenge for those one
Who really long for overcome

War is on War is on War is on

War is on insanity
Asks us to change reality
One ground the deathly seed could rise
Was human ignorance and vice

War is on War is on War is on

Lübbecke, 1991

*(Die Nachrichten brachten täglich „schöne" Bilder
von der Bombardierung Bagdads)*

*Ein Geschenk meiner Patientengruppe „Smaragd"
anlässlich unseres „Fest der Nüchternheit", Bad Essen, 2015*

Jürgen Behring,

geboren 1958 im westfälischen Lübbecke, schreibt seit seinem 17. Lebensjahr Gedichte und Lieder. Er ging immer wieder auf die Suche nach dem Sinn und den Zusammenhängen des Lebens – wie auch nach der Liebe. Seit jeher beschäftigt ihn die Frage, wie sich Leid und Krankheit überwinden lassen. Krisen oder auch berufliche Weiterentwicklung begreift der studierte Sozialpädagoge als Chancen zur Veränderung. Zeit seines Lebens prägen ihn inspirierende Begegnungen in unterschiedlichsten Milieus und Kontexten. Seine Spiritualität, die er als Frommsein versteht, geht einher mit Offenheit und Respekt für die unterschiedlichen spirituellen Wege – auf diese Weise wird er immer wieder von neuen Sichtweisen bereichert. Jürgen Behring ist christlich geprägt, hat jüdische Wurzeln und eine bewegte Familiengeschichte. In der potentialorientierten humanistischen Psychologie und seinem Verständnis der christlichen Mystik „Wolke des Nichtwissens" fühlt er sich zuhause. Mittlerweile liebt er es, schlicht zu leben. Beruflich ist er als Suchttherapeut tätig und hat auf Grundlage seiner Erfahrungen ein Konzept entwickelt, mit dem er Betroffenen hilft (Nüchtern gut leben - Die Heldenreise der Abstinenz, www.nuechtern-gut-leben.de). Jürgen Behring ist glücklich verheiratet und seit 2020 im brandenburgischen Wusterwitz zuhause, einem kleinen Dorf an einem idyllischen See.